Arsen Blink

COMO GANAR DINERO FÁCILMENTE CON INTERNET

ARSEN BLINK

ÍNDICE

1. INTRODUCCIÓN………………………………..7
2. LA WEB : UN AMPLIO ABANICO DE POSIBILIDADES………………………...14
3. CÓMO GANAR DINERO EN AMAZON….27
4. CÓMO GANAR DINERO CON UN BLOG..41
5. CÓMO GANAR DINERO EN YOU TUBE…49
6. CÓMO GANAR DINERO EN FACEBOOK……………………………....54
7. CÓMO GANAR DINERO MEDIANTE APUESTAS DEPORTIVAS EN LÍNEA…….57
8. CONCLUSIÓN…………………………….68

INTRODUCCIÓN

Internet no es sólo una formidable fuente de información y desinformación, cosas ambas que igualmente pueden monetizarse, sino también una tienda virtual abierta noche y día en todas las partes del mundo, donde se puede comprar y vender durante los días hábiles y asimismo durante los festivos. No hay períodos vacacionales ni treguas, cuando el dinero entra una vez en ellas, sucede como con el agua, que aprende por siempre el camino y no lo olvida.

Una tienda que, por añadidura, se gestiona sola pues, conectada como está a una cuenta bancaria, ni siquiera hay que preocuparse por recaudar los beneficios ya que, por sí sola, produce un flujo continuo que se vierte automáticamente en ella. En el peor de los casos, tan sólo hay que ocuparse en reponer las piezas que se hallan a la venta; si bien las mejores de ellas son las que producen ingresos pasivos. Probemos a imaginar una frutería en la que el frutero expone en un cesto una manzana a la vista de los clientes. Llega uno de ellos y compra la manzana, pero automáticamente dicha manzana es reemplazada por otra exactamente igual, con idéntico color e idénticas propiedades gustativas, lista para que venga otro cliente y, a su vez, la compre. Así sucesivamente hasta el infinito, durante las veinticuatro horas del día, en todos los rincones del mundo al mismo tiempo. Lo mismo sucede con las peras, los plátanos, las cerezas y cualquier tipo de fruta que imaginarse pueda. Se ponen una sola vez y basta.

Esto último es posible si lo que se vende es un bien inmaterial, como el contenido de un libro, que se puede comercializar mediante el formato e-book o según el procedimiento de impresión a la demanda, o también a través de un blog de pago o subvencionado por publicidad, o también puede tratarse de un curso básico virtual sobre cualquier técnica en la que seamos especialistas. Para ello podemos crear nuestra página web y monetizarla, hacerle enseguida la publicidad por Twitter y demás, o bien utilizar la desaforada red de fabricación, difusión y distribución que poseen compañías como Amazon.

Ello no quiere decir que debamos olvidar los oficios y actividades tradicionales, a los cuales se les puede aplicar una técnica de mercado basada en el empleo de la nueva herramienta. Pongamos por caso la situación de un agricultor, productor de naranjas, de la Comunidad Valenciana, España. Los intermediarios mayoristas tienen la facultad de crear monopolios poniéndose de acuerdo sobre el precio del kilo de naranjas que debe pagarse al agricultor. Ya está hecho. Le van a pagar 20 céntimos. El agricultor se dispone a venderlo al primer mayorista y se echa las manos a la cabeza. En efecto, si descuenta el valor de los productos fitosanitarios que ha empleado durante el año, los salarios de poda y demás, los impuestos, etc... Luego resulta que vende a pérdida. Así que al primer mayorista le dice que, a ese precio, puede ir a comprar naranjas allí donde brama el bacalao. Pero va al segundo mayorista y al tercero y al cuarto y todos le dicen lo mismo: 20 céntimos kilo. Cuando ya se dispone a dejar pudrir sus naranjas en el árbol, va y su hijo, que tiene quince años, pero se ha criado en Internet, le dice que, en lugar de eso, cree una página web, de hecho, se la crea mientras están hablando, y a través de ella venda en adelante sus maravillosas naranjas. El padre, incrédulo pero sin otra alternativa, decide hacerle caso y les pone el precio de mercado, 2 euros kilo. Para gran asombro suyo, el resultado no sólo es que, a los pocos meses, comienza a temer no tener bastantes huertos para satisfacer todos los pedidos, con respecto a los cuales ha multiplicado los beneficios por diez, sino que, además, las naranjas que vende son infinitamente mejores que las de la competencia, pues los mayoristas, que trabajan con grandes volúmenes, necesitan recolectar la fruta verde para que resista todo el proceso de distribución, conservarla en cámaras y aplicarle productos químicos para darle color. Nuestro agricultor, sin embargo, que atiende únicamente a sus propios clientes, puede permitirse el lujo de recolectar la naranja madurada naturalmente en el árbol, pues en veinticuatro horas es capaz de llevarla a la casa del cliente. Internet le ha permitido pasar por encima de estos intermediarios abusivos, dejarlos como al gallo de Morón, sin plumas y cacareando, y ganar diez veces más que con ellos.

-¡Milagro! ¡Milagro!

-No, milagro no. Industria.

Las posibilidades son múltiples y variadas. Se puede enseñar, entrenar, formar, asesorar, dar conferencias, escribir libros o contenidos de pago, impartir cursos virtuales, convertirse en prescriptor a cambio de una remuneración, etc.

Ahora bien, no basta con que un tema nos apasione, es preciso asegurarnos antes de que haya un hueco para él, una demanda. Para ello debemos plantearnos previamente un cierto número de cuestiones: si nuestra idea es realmente susceptible de ayudar en algo a los demás y particularmente a quién, qué procedimiento utilizar para monetizarla, cuáles son las previsiones de beneficio, qué valor preciso genera, lo que se va a proponer en concreto, si un producto, un servicio, o una mezcla de ambos.

Es fundamental preguntarse lo que realmente quiere la gente y encontrar la manera de proporcionárselo. Los beneficios, las más de las veces se relacionan con las necesidades emocionales más que con las necesidades físicas.

En consecuencia, debemos sintonizar con las emociones de las personas susceptibles de desear obtener lo que ofrecemos. Resulta incuestionable que la gente anhela las buenas cosas de la vida: dinero, amor, atención, tiempo; y sueña con desembarazarse de las malas, de las plagas: estrés, ansiedad, deudas. Tales son las variables en las que conviene concentrarse.

El mercado no valora ni el esfuerzo, ni el tiempo empleado, ni los títulos universitarios, sino la satisfacción de las necesidades de los individuos. Ahí está la madre del cordero. Lo que realmente se vende, o son soluciones, o son mejoras. De modo que lo mejor que uno puede hacer en ese sentido es convertirse en un detective de problemas, pues el valor de las ideas es proporcional a los problemas que resuelven. Lo que más se vende, es para resolver un dolor profundo o satisfacer un deseo profundo.

1 LA WEB: UN AMPLIO ABANICO DE POSIBILIDADES

Mientras tomamos todas las disposiciones arriba especificadas, ¿debemos quedarnos los brazos cruzados? ¡Desde luego que no! Hay páginas web dispuestas a pagarnos algo de inmediato a cambio de una determinada acción como participar en encuestas o probar productos. Esto no nos convertirá en unos Crasos, pero nos proporcionará un dinero suplementario. Veamos algunas de ellas.

-**Swagbucks, InboxDollars, Project Payday,** pagan por obtener ofertas de ensayo o responder a diversas encuestas.

-**User Testing,** paga diez dólares por probar una página web, actividad que nos tomará entre diez y quince minutos. El objeto es comprobar si alguien que no está familiarizado con la página puede navegar fácilmente en su interior.

-En **Fiverr** se puede desde vender objetos hasta ofrecer servicios especializados.

-**IZEA** paga por diseñar blogs, enviar tuits, tomar fotos o vídeos. La remuneración está en función de los seguidores que conseguimos obtener.

-**Listverse, TopTenz, A List Apart, International Living, FundsforWriters, Uxbooth, iWriter, Textbroker, Matador Network, The Penny Hoarder,** pagan por escribir para ellos. En efecto, freelance escritor es uno de los medios más populares para ganar dinero en Internet. Los más prestigiosos de entre ellos pueden llegar a obtener entre 50 céntimos y un dólar por palabra, algunos incluso más. Por supuesto, para adentrarse en este preciso dominio, uno necesita poseer un interés particular en la escritura, procurarse previamente una cierta visibilidad creando un blog o bien una cuenta <u>LinkedIn</u>.

Otras opciones pueden ser:

-Vender en Internet. Desde que el comercio por Internet vino a la existencia, el volumen de las transacciones no ha dejado de crecer de forma exponencial. He aquí algunas recomendaciones antes de adentrarse en este terreno ciertamente lucrativo:

. Obtener una cuenta Pay Pal. Es el medio más común para efectuar y recibir pagos en Internet.

. Tomar buenas imágenes del producto. Si bien algunos sitios no requieren imagen alguna, para los que sí lo hacen conviene emplear una cámara capaz de proporcionar un rendimiento honesto.

. Actuar con honestidad es imprescindible para fidelizar a la clientela.

. Prever una fórmula de atención al cliente. Ya se esté utilizando una pequeña plataforma o bien una tienda más ambiciosa, la atención al cliente cobra una importancia capital. Es preciso poder responder a las preguntas y posibles reclamaciones, ofrecer una garantía y habilitar un canal para exponer de la manera más visible las opiniones de los usuarios.

No obstante, hay canales ya totalmente preparados y rodados por las grandes compañías, conocidos del consumidor y capaces de ofrecer las garantías arriba mencionadas. Una vía explotada, cómo no, por la omnipresente y multifacética Amazon, concretamente mediante el procedimiento **"Fulfilled by Amazon"**, al cual enviamos productos que previamente hemos comprado (al por mayor, de preferencia). Amazon los expone en su tienda virtual y, cuando se produce una venta, empaqueta la pieza, la envía al destinatario y, después de percibir su comisión, nos ingresa el dinero en nuestra cuenta. Amazon, por supuesto, se encarga de las devoluciones y recoge en su página las opiniones de los clientes. De este modo, nuestra actividad en el proceso de venta queda simplificado al máximo y participamos de la vasta red y prestigio de la primera compañía mundial.

CraigsList. Existen objetos que uno no envía con facilidad, por su tamaño, por ejemplo, o con los cuales no se siente confortable y no muy dispuesto a entregar su número de teléfono personal. En tal caso, **CraigsList** puede ser de gran utilidad pues despacha el producto sin que estemos obligados a proporcionar ni siquiera una dirección electrónica personal.

eBay. Por supuesto. Se trata ya de un lugar común en la venta de artículos por Internet. Esta plataforma trabaja en conexión con otras como Doba que almacenan y envían el producto directamente al cliente, de modo que no precisamos tener un local consagrado a tal efecto.

Etsy. Trabaja principalmente con objetos de arte y piezas de artesanía. Etsy percibe simplemente un 3.5 % de cada venta.

Facebook. Constituye una excelente herramienta para vender objetos localmente. No hay más que solicitar el ingreso en tiendas de trueque y venta situadas en nuestro entorno inmediato, tomar una fotografía del objeto que deseamos vender, redactar una descripción y lanzarlo todo a la espera de que el comprador contacte con nosotros para ponernos de acuerdo respecto a la modalidad de entrega.

Sin embargo, como ya hemos insinuado con anterioridad, los mejores ingresos son los pasivos, aquellos que se hallan ligados a un objeto tal que, una vez creado, constituya una entidad inagotable, auto reemplazable, generadora de beneficios "sine die", por los siglos de los siglos, hasta que la muerte nos separe, como puede ser un e-book, un curso virtual, bajo ciertas circunstancias incluso un libro en papel, comercializado mediante el sistema de "impresión a la demanda", o un blog.

Veamos en primer lugar cuanto se refiere a los blogs. Ciertamente, la creación de un blog que funcione y que entregue ingresos regulares, requiere paciencia, constancia y disciplina. Sin lugar a dudas, salvo honrosas excepciones, precisa escribir, al menos durante un año, todos los santos días, antes de que empiece a rodar de manera satisfactoria. Todo este trabajo efectuado y el tiempo empleado no se echa en saco roto, simplemente producirá en su momento una remuneración justa, aunque aplazada. Y, si hemos hecho las cosas bien, generará el efecto de la bola de nieve que, cuanto más rueda, más grande se hace, porque va incrementando sus capas.

Una vez nos hallemos en esta situación en que nuestro blog genera un tráfico conveniente, llega el momento de comenzar a recaudar algunos ingresos de él. Para ello existen varios procedimientos de monetización complementarios entre sí.

El primero de ellos es, obviamente, la inserción de spots publicitarios en él. El medio más sencillo es firmar un contrato con empresas como Google AdSense o Media.net. Desde luego, con este procedimiento, las ganancias no serán significativas hasta que nuestra página no genere miles de visitas diarias. Pero toda piedra hace pared.

A la publicidad se puede añadir la afiliación, que consiste en instalar un lazo en la página del blog y si alguien compra desde él el producto ofrecido, el propietario de dicho blog percibe una comisión. Existen numerosas redes de afiliación, como FlexOffers y CJ Affiliate, que permiten a los titulares de un blog promocionar productos y servicios de otras gentes cobrando por ello, por supuesto. Resulta evidente que lo ideal sería que dichos productos y servicios estuvieran en relación con el tema del blog.

Ni qué decir tiene que si nosotros mismos hemos creado una obra, un e-book o programa informático, podemos igualmente utilizar el blog para venderlo. Ahora bien, como cualquier otro bloguero, tendremos que poner previamente a funcionar el blog a todo trapo mediante artículos relacionados con el tema. Sólo entonces atraeremos a gente susceptible de estar interesada por el producto que deseamos vender.

En caso de disponer de un contenido específico de particular interés, algo así como una idea conectada con un aspecto técnico muy preciso y de aplicación práctica inmediata, un conocimiento, habilidad o técnica por la cual estamos seguros que un determinado grupo de gente interesada estaría dispuesto a pagar una cantidad razonable por adquirirlo, entonces podemos crear un espacio reservado a los miembros de pago.

Otra opción es ofrecer un servicio personalizado remunerado a través del blog, como puede ser una asistencia individual en los más variados campos, desde el deportivo hasta el financiero. Simplemente hay que repasar bien las implicaciones legales para estar seguros de que no estamos atribuyéndonos competencias profesionales que no son las nuestras. Mediante esta fórmula, en realidad nos estamos vendiendo a nosotros mismos y tendremos que demostrar por fas y por nefas que poseemos el saber y la técnica requeridos en tales campos. Volvemos a lo mismo: escribir y escribir artículos hasta llenar el blog a rebosar de conocimiento.

Similar a esto último es la suscripción. Periódicamente se lanza un contenido, accesible tan sólo a los suscriptores.

Nada nos impide recurrir paralelamente a un patrocinador (sponsor), como los boxeadores y los equipos de fútbol. Numerosas compañías están dispuestas a pagar por la publicación de artículos sobre ellas o sobre lo que fabrican. Se trata obviamente de artículos especializados en temas muy concretos y precisos.

Un apartado especial lo constituye la publicación de vídeos en You Tube, a la que consagraremos un capítulo propio más adelante.

Por último, cabe mencionar a las compañías que contratan empleados para que trabajen desde el confort de sus hogares, en pijama, batín y pantuflas. Seres excepcionales y privilegiados que no conocerán nunca los atascos monstruosos e inacabables que se forman a las horas punta en las entradas de determinadas ciudades. He aquí algunas de estas compañías:

CrowdSource ofrece una gran variedad de trabajos desde la micro tarea hasta la composición de libros. Cada cual decide el volumen que desea aceptar, sabiendo que lo va a realizar desde su propio ordenador.

Demand Studios contrata toda suerte de profesionales creativos en el ámbito del cine, desde el guionista hasta el realizador.

Fast Chart permite trabajar desde casa como transcriptor médico. Se precisa la posesión de ciertos diplomas cuya relación se encuentra en la página. En caso de poseerlos, la paga es respetable y en consecuencia con ellos.

Leap Force es un método utilizado por Google para estimar los sitios web afín de posicionarlos en los motores de búsqueda. De obtener el contrato, cobraría unos 11 dólares a la hora viendo y clasificando páginas web, según el horario que usted decida.

Liveops es un centro de llamadas. Una vez recibido el paquete de llamadas a efectuar, usted puede diseñarse el horario de la semana y cobrar 10 dólares por hora de trabajo más las comisiones, que suelen incrementar bastante el volumen total de las ganancias.

SpeakWrite le pagará de 15 dólares en adelante por transcribir información.

Se trata del dinero, por supuesto, ¿por qué no reconocerlo? Los que han intentado vivir de amor y de agua fresca lo han lamentado a las pocas semanas. Es la "necesidad" de la que habla el mundo antiguo y Víctor Hugo lo recuerda en el prólogo a "Nuestra Señora de París". Se trata evidentemente de dinero, no hay por qué avergonzarse al reconocerlo. Pero también se trata de libertad.

3 CÓMO GANAR DINERO EN AMAZON.

El universo Amazon es vasto y multifacético, con numerosos avatares y abierto al público, al ciudadano de a pie. En él se puede desde publicar un libro o editarlo hasta, como hemos visto al hablar de Amazon FBA, vender al detalle productos que hemos comprado al por mayor.

Empecemos por la ardua cuestión de la edición de libros. Una vez que el escritor novel ha puesto la palabra fin en su libro, que es por cierto la palabra más inútil en estos casos pues todo el mundo puede ver que el libro acaba ahí, se encuentra con que las puertas de todas las editoriales sin excepción están cerradas para él. Esto ha sido dicho de manera rápida, la realidad es que tarda muchos meses e incluso años en darse cuenta de ello, pues muchas de estas respetables casas le proponen el envío de los manuscritos, acompañados de síntesis y demás zarandajas, como si la literatura estuviera en la síntesis y no en el texto, o como si no bastara, para el que sabe dónde le aprieta el zapato, con leer diez líneas de un texto para convencerse de su calidad literaria. Todo va directo a la papelera, nadie lee una maldita letra y, al cabo de un tiempo estipulado de antemano, alguien coge un impreso que siempre es el mismo para todos los aspirantes a Premio Nobel de Literatura, y envía la carta de rechazo. Eso si se dignan a enviarla. Desazonado, el escritor imberbe decide recurrir a los agentes literarios y con ellos le ocurre exactamente lo mismo. Ello independientemente de la calidad de la obra presentada. Bastante tienen los agentes literarios en ocuparse de los pingües contratos que generan los escritores consagrados. Para vergüenza mayúscula e inmarcesible de algunos editores españoles, García Márquez, cuando ese nombre no significaba aún nada en literatura, llamó a su puerta con el manuscrito de "Cien años de soledad" bajo el brazo y se la cerraron en sus narices. Después fue la obra, de verdadera literatura, que más ventas ha alcanzado en el mundo.

¿Y esto por qué? Pues por la sencilla razón de que los editores están ahí simplemente para hacer negocio y la literatura y la cultura de una comunidad hablante les importa lo que la nieve del año cuarenta. Ellos se han gastado muchos cuartos haciendo la promoción de un escritor, un amigo, o amigo de un amigo, que a veces incluso es bueno, pero ¿cuántos mejores que él, o al menos igual de buenos que él, habrán tenido que dejar sus manuscritos llenarse de polvo en el desván? No, como digo, sacar un nombre del anonimato no es, ni mucho menos, gratuito, hay que llevarlo a la televisión, a la radio, hay que pagar a críticos y periodistas para que escriban sobre él, hay que engrasar algunos mecanismos… Y cuando ya se han gastado ese dineral, lo que quieren es que ese escritor venda y para ello el mercado tiene que estar claro, limpio de polvo y paja. Más aún, si no es así, ni ese escritor ni ningún otro, vende un carajo.

De los premiso literarios, más vale ni hablar….

Por otra parte, hay temas que tienen más salida que otros. Y dentro de los temas hay modas y dentro de las modas hay tendencias a las que conviene dar preferencia por razones ideológicas. Y dentro de las tendencias, hay tipos humanos que son susceptibles de vender mejor la mercancía (si posee unos ojos de un azul añil impoluto, o una desvergüenza de verdulera, eso ayuda, no cabe duda) o bien se hallan dentro de la órbita ideológica o vital que conviene empujar hacia adelante, porque también se tiene un proyecto social definido. En fin, que la literatura cuenta poco en el repertorio de sus prioridades. Los Estados deberían tener sus editores públicos, no privados, para que se ocuparan no de la edición que da dinero, sino de la que hace cultura, sin la cual no pueden vivir los pueblos ni sobrevivir las civilizaciones.

La primera china en el zapato de las editoriales tradicionales se les metió con la llegada de "la impresión a la demanda". Según la técnica de mercado de estas editoriales, que pronto quedarán desfasadas, primero había que costear una edición de, como mínimo, entre 5.000 y 10.000 ejemplares, distribuirla y, si no se vendía, recogerla y destruirla. Empleando la nueva modalidad de edición, la cual se les escapa de las manos pues suele hacerse a través de Internet, se crea un libro virtual, en todo punto dispuesto para que un cliente lo compre y entonces y sólo entonces el libro se fabrica, para ese preciso cliente. Nadie pierde dinero en esta operación.

Algunas compañías vieron rápidamente el enorme potencial de este método de creación, distribución, promoción y venta de libros. Cabe citar entre ellas las plataformas de Barnes and Noble (Nook Press), Byeink, Blurb, Kobo, Back Typo, SoopBook, Booktango, Booktype, Pronoun, Myebook, y en España Bubok y Entreescritores. Pero la mejor sin duda es la proporcionada por Amazon: Kindle Direct Publishing. Antes el trabajo se lo repartían entre Createspace, que se encargaba de los libros en papel y KDP que se ocupaba de los e-books. Ahora Createspace ha desaparecido y todo lo canaliza KDP.

Es, con creces, la mejor plataforma por la extraordinaria sencillez con que se crea el libro. Si se viene con todo preparado, introducción e imágenes, en diez minutos está hecho; con portada, contraportada, texto redimensionado (en las herramientas de la competencia habría que ser ingeniero en muchas de ellas para conseguir esto) e ISBN. Tienen que aprobarlo, lo cual suelen hacer en unas 24 horas. Y en cuanto lo hacen, ya se encuentra con descripción e imagen en la formidable tienda de Amazon, dispuesto a participar de la ingente red de distribución del gigante americano, listo para ser comprado por lectores de todo el mundo.

Ahora bien, todo no está ganado para nuestro entusiasta escritor novel. Si nadie conoce su nombre, difícilmente podrán escribirlo en un motor de búsqueda y dar con su maravillosa obra de arte. No obstante, aún no ha llegado el momento de desesperarse. Cuando hayamos terminado de editar el libro en papel, Kindle nos propone editarlo en e-book. Esta modalidad electrónica de publicación tiene muy poco coste, por lo tanto el precio de venta al público puede ser bastante bajo, conservando un margen de beneficio razonable para el autor. Además, podemos pedirle a Kindle que lo ofrezca gratuitamente a los clientes que han comprado el libro en papel. Más aún, si lo deseamos, tenemos la posibilidad de ofrecerlo en descarga gratuita, o a precio reducido, durante cinco días cada dos o tres meses. En caso de que esta última operación funcione, un número de descargas consecuente, aunque sean gratuitas, hace que el libro ascienda peldaños en la lista de mejores ventas dentro de su especialidad, lo cual habitualmente engendra ventas y contribuye a popularizar el nombre del autor y los títulos de sus libros. También hay que contar con las opiniones de los clientes y el número de estrellas que ponen. Aparte de ello, Amazon puede organizar una promoción de pago a precios asequibles.

Todo ello, combinado con la gestión de un blog que hemos creado por nuestra cuenta y alimentado con regularidad, puede hacer que nuestros libros y nuestro nombre de autor adquieran una cierta visibilidad.

El género de la ficción presenta un camino arduo y lleno de aristas cortantes, siempre en pronunciada pendiente, pero sabido es que esto no arredra a sus incondicionales. Al fin y al cabo, es un camino, donde antes no lo había. Las distintas modalidades de la no ficción, en cambio, ofrecen muchas posibilidades, algunas de ellas muy lucrativas, que Amazon puede llegar a materializar y encauzar del modo adecuado.

Los libros que hemos puesto ahí, en ese pozo sin fondo que son los ordenadores de Amazon, se quedan para siempre, por los siglos de los siglos, aguardando tal vez su oportunidad; no se agotan nunca, a nadie se le ocurrirá recogerlos y guardarlos en un almacén, o destruirlos, porque no tienen una existencia física, son como espíritus desencarnados que están esperando a nacer.

Evidentemente, Amazon no se reduce a editar y distribuir libros. Además de esto y del ya mencionado FBA, presenta muchos otros caminos que recorrer en función de la sensibilidad y las habilidades de cada uno.

También hemos hablado en el capítulo anterior de la afiliación. Pues bien, la plataforma de afiliación de Amazon: "**Amazon Associates**" permite ganar una comisión que puede oscilar entre un 4 y un 8 % de las ganancias por cada pedido que les haya sido revertido por nuestro blog. La mencionada tasa está lógicamente en función del número de ventas que generemos. Además, ofrece las llamadas "Bounty" oportunidades que permiten percibir entre 3 y 25 dólares por convencer a otra gente para que contrate servicios como Prime, Amazon Student, Audible, Baby & Wedding Registries, etc.

Amazon Merch concede a las marcas y también a todo tipo de creadores individuales la posibilidad de cargar sus diseños, como por ejemplo de una camiseta o cualquier otro objeto, y ponerlos a la venta. Una fórmula que conlleva muy poco riesgo pues no se requiere ningún pago previo. Sucede como con los libros en impresión a la demanda, si se venden bien, si no, únicamente se habrá perdido el tiempo, no la hacienda, si bien la competencia es ruda y tal vez haya que invertir algo en publicidad. Pero ello es sólo una opción, no una obligación, a sopesar por el comerciante en función de sus particulares circunstancias.

Amazon Handmade. Su abuela le enseñó a hacer punto, puntilla, mantelerías para los ajuares o cualquier otro tipo de artesanía y su casa y la de toda la familia rebosa de tales objetos, Amazon se los vende en todo el mundo. Usted sabe cómo fabricar y decorar según un estilo tradicional tazas de porcelana, sepa que eso tiene un mercado y Amazon sabrá conectar con él. Lo hecho a mano, según una técnica y un saber hacer ancestral está muy valorado en estos tiempos de retorno a lo auténtico. ¡Sáquele partido a esa habilidad! Amazon le será de una inestimable ayuda. Ya no sólo está a nuestra disposición el mercadillo local de los viernes. Entre en la vasta red en la que se cruzan millones de compradores y vendedores. A lo mejor un día va a Groenlandia con el dinero ganado en Amazon Handmade y se encuentra allí con que un esquimal está tomando té con la tacita que usted ha fabricado.

Amazon Mechanical Turk. Aquí uno puede recibir pequeñas remuneraciones a cambio de pequeñas tareas como breves transcripciones, entrada de datos o clasificaciones. Actividades mecánicas pero que las máquinas no pueden efectuar todavía. Cada una de ellas suele tomar, por lo general, unos cuantos minutos. Ideal para esos lapsos tan breves que no dan ni siquiera para empezar una labor de mayor envergadura. La remuneración está en consecuencia con el tiempo empleado, pero, como ya hemos dicho anteriormente, toda piedra hace pared y no hay pequeños beneficios. A veces, por un dólar, el banco nos retira su confianza. Era el dólar de más en nuestro capítulo de gastos….

Amazon Flex. Amazon está empeñado actualmente en la entrega del pedido en el mismo día en que éste se ha efectuado. Por eso esta desarrollando el sistema de distribución mediante drones. Pero estos aparatos no llegan a todas partes, verbigracia, a un apartamento preciso dentro de un bloque o una residencia. Y de todos modos el tráfico comercial que gestiona es ingente. Hacen falta otros medios además de los clásicos, cosa que ha obligado a los cerebros de la multinacional a pensar en otras soluciones menos convencionales. Y la solución puede ser usted. Sí, usted mismo. ¿Por qué no repartir unos cuantos paquetes si sus destinatarios se hallan esparcidos a lo largo de su trayecto de vuelta a casa desde su lugar de trabajo? Amazon se los confía todos a usted y usted los distribuye, cobrando entre 18 y 25 dólares por hora. Para ello necesita únicamente ser el posesor de un coche, un Smartphone y abrir una cuenta Amazon que permita efectuar entregas con Flex.

Amazon Influencers. Se trata de una suerte de afiliación pero que no precisa de blog, sino que se trabaja mediante una cuenta de Twitter, YouTube, Facebook and o Instagram. Una vez aprobado, se le proveerá de una vitrina virtual en la cual insertará sus productos favoritos de Amazon, que luego compartirá con sus seguidores a través de los medios arriba mencionados, percibiendo una comisión por cada venta que parta de un clic efectuado en su vitrina.

Hoy resulta difícil creer que Amazon comenzó siendo una página web consagrada a la venta de libros usados. En nuestros días se ha convertido en el mayor comerciante en línea, con un pasivo de 602 billones de dólares, y creciendo exponencialmente, de modo que los expertos prevén para dentro de pocos años que alcance el trillón de dólares. Actualmente, además de vender, produce programas televisivos, películas, posee compañías como Zappos, IMBD, Audible,

Goodreads, y Twitch.tv. Dejarse arrastrar por semejante vórtice, entrar en él y participar de su fabulosa energía, constituye, por los tiempos que corren, el mejor y más variado y seguro modo de sacarles partido a las numerosas posibilidades que abre ante nosotros la recién inaugurada era de las nuevas tecnologías.

4 CÓMO GANAR DINERO CON UN BLOG

Para ello, la condición imprescindible es que genere tráfico y eso sólo lo vamos a conseguir si contiene una utilidad para el mayor número de gente o, en su defecto, para un segmento bien definido de especialistas o de entusiastas de una actividad o tema precisos. El mundo es grande y, por ejemplo, los especialistas en cristalografía aplicada pueden ser numerosos a nivel mundial. La palabra clave es pues utilidad. Se espera de nosotros un trabajo serio de investigación, presentado de manera estructurada, precisa y escrito con amenidad y corrección, conviene también ilustrarlo con imágenes de calidad y gran poder sugestivo.

Habiendo reconocido este hecho esencial, pasemos a la creación del blog. En la web no faltan formatos preestablecidos, que contienen diversos modelos en función de nuestras necesidades y que podemos amueblar y decorar a nuestro gusto, como por ejemplo **Blogger** y **Word Press**.

En el momento de la creación deberemos resolver cuestiones a las que, si les damos la fórmula correcta desde el principio, no habrá que regresar después con replanteamientos ni preocupaciones metafísicas. Satisfechos, nos olvidaremos de ellas y nos concentraremos en lo que importa, el contenido.

La primera de ellas es el nombre que debemos darle al blog. Elegiremos de preferencia un nombre corto, sencillo, fácil de recordar, o si ha de ser largo, que tenga gancho y sentido porque, cuando un futuro lector, o un lector antiguo que haya olvidado el nombre exacto, escriba la idea esencial en un buscador, el blog aparezca enseguida. Si es un tanto vago y demasiado general, el lector puede caer fácilmente en los blogs de la competencia. Debemos encontrar una mezcla de originalidad y sentido. La última que guíe hacia el tema, la primera que guíe hasta nuestro preciso blog.

El subtítulo es una gran ayuda para completar el título y aportar una descripción más precisa que pueda ilustrar al lector y decidirlo. Sin embargo, no en todas las plantillas es visible.

Respecto a la barra de navegación, lo mejor es hacer uso de la simplicidad, cuantos menos elementos figuren en ella mejor. Hay que ponerse en la piel de nuestro particular lector y darle los elementos que él pueda necesitar, no otros que, si son muchos, puedan convertir nuestro blog en un laberinto sin hilo de Ariadna.

El blog necesita fluidez, no fárrago. Todo debe estar en orden y al alcance de la mano mediante el mínimo esfuerzo. Son útiles las categorías o tags para que el recién llegado sepa qué tienes para ofrecerle. El widget "Mensajes y páginas populares" o su equivalente en los diversos modelos le guiará hasta lo que desea ver en primer lugar. Los obstáculos y distracciones, como anuncios, mapas, enlaces, calendarios, íconos de compartir, estrellas, música que hay que apagar porque puede no ser del gusto de nuestro huésped, banners, botones, enlaces a redes sociales, etcétera) restan fluidez a la navegación.

Cuando el blog empieza a estar lastrado de contenido; con la carga, como hemos dicho, bien distribuida y ordenada, llega el momento de ocuparse de la promoción.

Para ello hay que comenzar admitiendo que tráfico significa lectores, una categoría bien precisa de lectores. Y hay que comenzar por ahí, por decidir qué tipo de lector deseamos para nuestro blog y crear su avatar o perfil: cómo suelen ser esas personas, cuál es su visión del mundo, qué otros centros de interés pueden compartir, a qué tipo de ideas corren el riesgo de ser absolutamente refractarios, qué es lo que están deseando en el fondo de su alma que les digan o les demuestren, porque, si por alguna de aquellas, tengo la solución entonces he dado con la muela picada.

Una vez lo conocemos como si fuera nuestro propio bolsillo, lo que procede es calcular lo que está buscando en línea:

    a) ¿Está leyendo ciertos blogs? Hago una lista de los 3 mejores.

    b) ¿Está participando en ciertos fórums? Hago una lista de los 3 mejores

    c) ¿Está oyendo ciertos podcasts? Ídem.

    d) ¿Integra ciertas redes sociales? Ídem de ídem.

    e) ¿Qué cuentas está siguiendo en dichas redes sociales? Más de lo mismo.

Ni qué decir tiene que nosotros haremos igual, participaremos en todo ello, nos inscribiremos a todo, seremos uno más entre ellos y, al cabo, quedaremos impregnados de la sustancia que baña su mundo. Los preceptistas del Renacimiento preconizaban la "imitatio" de las más sublimes obras de arte para, a fuerza de ejercerse en el estilo de los mejores, al final, sobre esa capa ajena aunque selecta, acabaremos inscribiendo nuestra aportación personal y única. Porque es eso lo que se espera de nosotros, que vayamos en una dirección, cierto, pero más lejos y más fácilmente que nadie.

De este modo, más pronto o más tarde, nos convertiremos en una referencia en la materia. Nuestros lectores nos escribirán y les responderemos, nos citarán en sus propios blogs, atraerán nuevos visitantes y juntos formaremos una comunidad interactiva. Pero eso sólo será así si hemos desarrollado un trabajo serio, bien documentado, estructurado, presentado con corrección e insertado en un marco atractivo.

Bien, pues con nuestro meritorio esfuerzo ya hemos llegado a unas estadísticas de frecuentación favorables. Es el momento de monetizar nuestro blog, sin dejar, por supuesto, de alimentarlo con el mismo tesón que hasta ahora.

Sobre los métodos de monetización más populares ya hemos hablado en capítulos anteriores (Cfr. p 20-23) y seguidamente, en el capítulo consagrado a Amazon, hemos visto que el gigante norteamericano propone servicios para la mayoría de ellos: publicidad, afiliación, suscripción, etc. No hay que limitarse a uno de ellos. Lo más lógico y sensato es diversificarlos. Si hay tráfico, todos funcionarán con mayor o menor eficacia. Lo que importa es el volumen global y cada uno aporta su granito de arena, o su cantera….

También conviene precisar que existen dos tipos de beneficios: directos e indirectos. Pongamos por caso que instalo AdSense ads en mi blog y promociono algunos productos en Amazon en tanto que afiliado, estoy obteniendo beneficios directos. En cambio, si a través del blog incremento mi prestigio como profesional o experto en alguna materia, o simplemente si ,mediante, pongamos por caso, mis artículos especializados sobre crítica literaria o aspectos concretos de la creación textual, incremento mi prestigio como escritor con varios libros puestos a la venta en Amazon, probablemente ello ejercerá una influencia favorable en la venta de dichos libros, o en la afluencia de consultas o de ofertas a mi gabinete en el primero de los casos. Ninguno de estos ingresos entra directamente a través del blog, pero éste contribuye a generarlos.

Todo blog debería ser una combinación de ingresos directos e indirectos, porque cada uno de nosotros somos algo más que un Blogger.

5 CÓMO GANAR DINERO EN YOU TUBE.

Ganar dinero colgando vídeos en You tube funciona esencialmente igual que con un blog, es decir, mediante publicidad, afiliación, suscripción, etc.

La publicidad requiere muchos miles de visitas diarias para rendir algo, aunque no hay razón para pensar que no las vayamos a tener y, en todo caso, como ya hemos apuntado en numerosas ocasiones, todo contribuye. En este sentido, cabe precisar que no todos los sectores pagan lo mismo. Lo relacionado justamente con la obtención de ese dinero que, como todo el mundo sabe, no hace la felicidad, pero ayuda notablemente a conseguirla, y la gestión de empresas, ocupan los primeros puestos en los índices de remuneración por publicidad. Aún así, las ganancias son moderadas.

No ocurre así con la afiliación y la suscripción, que pueden generar cantidades más suculentas con un número modesto de visitas.

No hay que esperar a tener millones de visitas al mes para obtener una ganancia consecuente, si previamente hemos identificado las fuentes que pagan más.

La afiliación, como queda dicho, es un buen principio, aunque hay que elegir bien con quién se afilia uno.

La afiliación en YouTube funciona de la misma manera que en un blog:

-Encuentre tres o cuatro afiliados que se hallen en la misma onda que la audiencia enfocada, la que busca la solución a un problema dado.

-Cree un vídeo con objeto de pasar en revista las características del servicio y explicar el modo en que las ideas desarrolladas en las próximas entregas pueden ayudar a los usuarios y a los afiliados.

-Cree un vídeo de demostración específicamente dirigido a su audiencia.

-Entreviste a otros usuarios de la afiliación.

-Copie el lazo de su afiliado en la descripción del vídeo, preferentemente en las primeras líneas.

Los vídeos esponsorizados constituyen otro modo de monetizar su canal de YouTube sin necesidad de incluir publicidad ads. Por término medio, cada vista en un vídeo esponsorizado proporciona entre 0.05 y 0.15 dólares, lo que da una media de 50 dólares por 500 vistas de un vídeo en que se ha mencionado al espónsor. Esto es 20 veces más que mediante la publicidad en YouTube.

El mejor rendimiento en YouTube, lo mismo que con respecto al blog, lo obtendremos cuando hayamos creado nuestras propias soluciones o productos. Entonces, el incremento de visitantes y el incremento de ganancias en el negocio se hallan íntimamente conectados y van a la par.

Se puede hacer mucho dinero en YouTube incluso con pequeño canal. Porque no todo depende del tamaño, sino también del grado de implicación de la comunidad que lo envuelve y de las características y estrategias del producto que propone.

En la sociedad de nuestros días resulta aún más verdadero aquello de que "más vale una imagen que mil palabras". Ello es así porque todo va muy rápido y muchas veces no podemos permitirnos el lujo de emplear mucho tiempo leyendo un folleto explicativo, menos aún un tomo con prolíficas descripciones científicas y una descripción de las más variadas casuísticas. En tales casos lo que hacemos es ir a YouTube, donde en pocos minutos "vemos" la cosa. Ésta es la gran oportunidad para profesionales y especialistas.

Ahora bien, existen estrellas de YouTube que las ha propulsado al firmamento y algunas de ellas, un puñado de afortunados, cierto, obtiene ganancias superiores a los 10 millones de dólares al año. Citemos algunos ejemplos: Ryan, un niño de seis años, gana 11 millones de dólares al año abriendo cajas de juguetes y divirtiéndose con ellos. Sus padres filmando, por supuesto, tras firmar un contrato de afiliación con Nickelodeon. Daniel Middleton endosa 16.5 millones de dólares jugando a Minecraft y filmando las partidas para sus 18 millones de seguidores. NBC obtiene 18 millones de espectadores por sus retransmisiones futbolísticas del domingo noche. Si estuviera en YouTube recaudaría 1.2 millones por temporada.

6 CÓMO GANAR DINERO EN FACEBOOK

En Facebook se ha llegado a ganar hasta el billón de dólares. La startup india Inshort comenzó como una página Facebook compartiendo artículos de noticias en 60 palabras.

Para crear una página Facebook competente seguiremos los siguientes pasos:

1. Encontrar un hueco, un campo, con potencial y con posibilidades de afiliación.
2. Comenzar a compartir contenido. Y también a hacer acopio de material en bruto en espera de ser elaborado a su debido tiempo. Se pueden programar las aportaciones a las redes sociales mediante aplicaciones como Buffer o HootSuite.

3. Establecer relaciones, colaborar en promociones, encontrar afiliaciones (las más conocidas son ckickbank, cj, shareasale, amazon), espónsor, añadir lazos de compañías, etc. Todo esto también funciona en Facebook.

Ventas.

Es posible igualmente vender productos en Facebook. Ponga un lazo de su producto en la link box y ofrezca un código de cupón de descuento.

Asimismo, se pueden colocar en Facebook lazos de otras páginas web como Amazon, Flipkart, Snapdeal o cualquier otra que ofrezca comisiones por cada venta que transite por su página.

Freelance anunciante en Facebook.

Mediante esta actividad se puede ganar 50 dólares por hora. Los conocimientos requeridos son:

-Capacidad para analizar las estadísticas de Facebook. Debe poseer la facultad de predecir, mediante datos estadísticos, qué tipo de entradas funcionan mejor en función del día de la semana.

-Habilidad para establecer estrategias y decisiones de comercialización y evaluar las consecuencias de una campaña.

-Habilidad para crear un contenido Facebook ameno. Por ejemplo saber que entradas con 40 caracteres obtienen un 86% de implicación que otros más largos.

Influencer.

Si su página Facebook funciona bien, puede firmar un contrato con blogmint.com o fromote.com y comenzar a ganar dinero promocionando marcas.

Vender una cuenta.

Incluso puede montar una cuenta, echarla a andar y luego venderla. Muchos anunciantes están comprando cuentas Facebook con objeto de ganar puntos y peso específico en su propia función de promotor. Evidentemente, cuantos más grupos y seguidores tenga, más elevado será su precio.

7 CÓMO GANAR DINERO MEDIANTE APUESTAS DEPORTIVAS EN LÍNEA.

Para beneficio de aquellos que decidan elegir esta opción sugiero estos consejos sencillos y de buen sentido:

-Es preferible ganar menos, pero ganar siempre.

-Ganar rápidamente está bien, pero ganar durante mucho tiempo es mejor.

-Uno no puede ser el mejor, pero puede rodearse de muchos buenos y llegar a ser prácticamente invencibles.

-Cuando la cosa no funciona, hay que dejar de pagar y reflexionar.

-Apostar e invertir, son dos nociones distintas y hay que inclinarse, en la medida de lo posible, por la segunda.

-Hay que pensar a largo plazo.

-Actuar antes de pensar, es el principio del fin.

-Actuar en grupo, como los lobos y las hienas.

Para empezar, recomiendo el tenis, ya que la temporada dura desde enero a noviembre, con lo que hay partidas de tenis durante prácticamente todo el año. También porque existe una clasificación mundial, elemento que constituye una inestimable ayuda. Por otra parte, presenta una gran variedad de apuestas:

-Vencedor de la partida.

-Resultado exacto de los sets en la partida.

-Número de juegos en los sets o en la partida.

-¿Qué jugador gana un determinado set?

-Resultado del primer set y resultado final.

-¿Terminará un set en 6/0 ?

-Vencedor set número X.

-Resultado exacto del set número X.

-Número de juegos set número X.

-Número de aces de un jugador X.

-Número de aces en la partida.

El **valuebet** es el término que se utiliza para describir una apuesta a la que las casas de apuestas han concedido un valor mayor del que debería tener según la probabilidad de que ese resultado determinado se produzca. Se trata sencillamente de una cotización que nosotros estimamos que el bookmaker ha sobreestimado.

Es éste el tipo de apuesta que hay que privilegiar si se desea durar en el medio de las apuestas deportivas y sobre todo si se quiere ganar a largo plazo.

El valuebet es mensurable, la probabilidad de éxito de la apuesta debe ser superior a la rentabilidad. Las matemáticas desempeñan un papel importante en las apuestas deportivas.

El valuebet es detectable cuando uno sabe dónde le aprieta el zapato en el mundo del tenis, cuando uno conoce a fondo a los jugadores, sus estilos, sus movimientos preferidos, su motivación…. O también si poseemos una información que la gran masa de los apostantes ignora, como una lesión o bien un acontecimiento dramático que haya podido producirse en el entorno de un jugador, lo cual, presumiblemente, influenciará de manera negativa en su rendimiento en la pista.

Ya he tratado de insinuar que no hay que confiar en la suerte sino en el cálculo, para durar en este medio. Hagamos pues el siguiente cálculo:

-Si apostamos una cantidad fija de 10 euros sobre 5.000 apuestas con una cotización establecida a 2.50, cuando nosotros la estableceríamos a 2, recaudaremos 12.500 euros.

¿Cómo llegamos a este resultado? Pues siguiendo al pie de la letra las probabilidades. Una cotización a 2.00 tiene el 50% de probabilidades de ser ganadora y otro tanto de ser perdedora. Si el bookmaker propone la apuesta a 2.5, entonces podemos efectuar la fórmula siguiente: (50%X2.5)/100 =1.25

La fórmula del valuebet es [(Proba X Cotización)/100]

Si este resultado es superior a 1, estamos frente a un valuebet. Cuanto más superior sea a 1, más rentable será el valuebet.

Según el plan de apuestas arriba indicado, si seguimos las probabilidades tenemos 2.500 apuestas ganadoras y 2.500 apuestas perdidas, es decir:

Ganancias: (10€ X 2.500 X 2.5) − (10 X2.500 €) = 37.500 € de beneficio neto.

Pérdidas: 10€ X 2.500 = 25.000€

Lo que nos da un saldo positivo de 12.500€

Sabido esto, se abren ante nosotros dos alternativas:

a) Tenemos el tiempo, las ganas y la competencia para analizar las partidas, el estilo de los jugadores, la preferencia de los tipos de superficies para cada uno de ellos y con todo ello acordamos una cotización distinta a la del bookmaker.
b) O bien contratamos los servicios de un tipster que conoce el mercado como su propia casa y siente cuando el bookmaker ha cometido un desliz en un sentido o en otro.

Las apuestas en "live".

Cuando nos sintamos preparados, tenemos a nuestra disposición las apuestas en directo, más conocidas con el nombre de "livebetting".

Si somos amantes de sensaciones fuertes, no hay barreras. Si, por el contrario, tal como hemos recomendado, decidimos ser prudentes, nunca apostaremos más de un 0.2 por ciento de nuestro BK en un "live bet".

Entre ellos, los más recomendables son:

-¿Habrá igualdad en el juego número X?
-¿Habrá un tie-break en el set número X?
-Vencedor del juego número X.
-Vencedor del set número X.

Son apuestas que cabe seleccionar únicamente cuando estamos viendo la partida en cuestión. Depende de la evolución de la misma: si una partida está bastante igualada en términos de cotización previa, y ello se traduce en los resultados y por lo tanto los apostantes corren pocos riesgos, puede ser interesante apostar por el tie-break en el set actual, o la igualdad en el juego que se está desarrollando.

Conviene analizar igualmente las réplicas al servicio, si son eficaces o perfectibles. Ello puede hacernos cambiar de opinión sobre algunos aspectos de la partida o incluso sobre el resultado final.

Si, por el contrario, si la partida ofrece un desequilibrio, una disparidad en las cotizaciones previas, pero que el juego se revela finalmente igualado entonces una oportunidad se puede encontrar cuando el outsider sirve, en función de lo que ya hemos visto en la partida.

Si no vamos a ver la partida, o tenemos buenos conocimientos del medio, o bien vamos a fiarnos de las estadísticas, entonces privilegiaremos las apuestas que se establecen anteriormente al juego de la partida.

Las más recomendables son:

-Vencedor de la partida.

-Número de sets en la partida.

-Jugador X gana un set.

Por el contrario, las que hay que evitar por impredecibles son:

-Los resultados exactos.

-Vencedor del punto X en el juego X.

-Número de aces en la partida.

-Los over/under de juegos en una partida.

-Resultado primer set/resultado final.

Este tipo de apuestas son las vacas lecheras de los bookmakers.

Mucho de lo que hemos dicho aquí para el tenis es válido para la mayoría de las apuestas deportivas que podemos encontrar y practicar en Internet. En esta dirección y en muchas otras es posible hallar las mejores casas de apuestas disponibles en la web, las cuales presentan una gran variedad de posibilidades:

http://www.apuestasdeportivas.com/?vers=clas

8 CONCLUSIÓN

El futuro ya ha pasado. Es más, quedan ya pocos trenes para los rezagados. Los tiempos han cambiado de manera drástica para el común de los mortales y no cabe preguntarse si es para bien o para mal. Sólo cabe adaptarse o desaparecer. El Estado del Bienestar ha sido desmantelado por las políticas neoliberales que se están llevando a cabo en todo el mundo, de manera que ya apenas si le queda el canto del cisne y poco más. Los Estados han perdido la principal de sus prerrogativas, la que hacía su fuerza: me refiero a la acuñación de moneda. Hoy en día la crean los bancos con el crédito. Han desaparecido los bancos nacionales en beneficio de la banca privada. En resumen, los Estados se hallan endeudados hasta las cejas y de rodillas ante la finanza mundial y el FMI. Lo más suculento de la carga impositiva se les escapa como agua entre las manos, ya que, hoy en día, el capital no conoce fronteras, pero sí conoce perfectamente los nichos de los paraísos fiscales y todas las técnicas que púdicamente denominamos de "optimización fiscal" y también porque deslocalizar se ha convertido en un juego de niños: es la globalización, de la que el mayor perdedor es el destinatario, a final de mes, de una nómina, el asalariado tradicional que no tiene nada que ocultar y del que todo se sabe. Ya lo decía el bueno del Arcipreste de Hita: "pobre del ratón que no conoce más que un solo agujero." Esto es así porque, antes de destrozar el Estado del Bienestar, han destrozado nuestra mentalidad anterior, nuestra visión del mundo conformada por los progresos sociales que caracterizaron los últimos decenios del siglo XX.

Hoy en día, el Estado, exangüe, nos dice lo que le dijo a Lázaro su madre: "-Criado te he. Con buen amo te he puesto. ¡Válete por ti!".

De modo que, a término, tendremos que pagar por médicos y medicinas, por la educación de nuestros hijos y, sobre todo, por nuestra jubilación; la cual, como vamos viendo, cada vez es más deleznable y quién sabe si algún día será inexistente.

Tal y como se presentan las cosas, quedarse con los brazos cruzados es poco menos que un suicidio. Hay que hacer algo para suplir, el día de mañana, la más que probable ausencia del Estado, por cuanto se refiere, claro está, a todos los aspectos de la protección social que, para recaudar impuestos, directos o indirectos, siempre estará allí. Y, el día de hoy, la mala calidad del empleo, los contratos basura, la exigua remuneración con la excusa de: "si tú no lo tomas, hay cien esperando en la calle."

Sin embargo, allí donde se halla el veneno, se halla también el antídoto, no lejos del mal, se encuentra siempre el remedio. La globalización, acompañada de las nuevas tecnologías, que tanto benefician al gran capital, también pueden ayudar al ciudadano de a pie. Internet no es una botella lanzada al océano, es el océano dentro de la botella. En este libro hemos dado algunos consejos que nos permitirán subirnos a ese tren; sin lugar a duda, la lista no está agotada, pero quedan sentadas las bases, las ideas esenciales que, combinadas, o superadas, nos permitirán salir bien parados tras navegar por unas aguas cada vez más turbulentas. Algunas de ellas,

las mejores, son las orientadas a obtener ingresos pasivos, quizá nuestra jubilación del mañana y, ¿por qué no?, nuestro ocio de hoy.

ÍNDICE

1. INTRODUCCIÓN..............................7
2. LA WEB: UN AMPLIO ABANICO DE POSIBILIDADES................................... .14
3. CÓMO GANAR DINERO EN AMAZON....27

4. CÓMO GANAR DINERO CON UN BLOG..41
5. CÓMO GANAR DINERO EN YOU TUBE...49
6. CÓMO GANAR DINERO EN FACEBOOK………………………………….. .54
7. CÓMO GANAR DINERO MEDIANTE APUESTAS DEPORTIVAS EN LÍNEA…….57
8. CONCLUSIÓN……………………………….68

www.ingramcontent.com/pod-product-compliance
Lightning Source LLC
Chambersburg PA
CBHW020610220526
45463CB00006B/2538